ARLEQUIN

DÉCORATEUR,

COMÉDIE-PARADE

EN UN ACTE ET EN PROSE,

MÊLÉE DE VAUDEVILLES.

Par les CC. ANNÉE, GERSIN et FERRIÈRE.

Représentée, pour la première fois, à Paris, sur le Théâtre du Vaudeville, le 7 Fructidor, an 6.

Prix 1 Franc 50 centim. avec la Musique.

A PARIS,

Chez le Libraire au Théâtre du Vaudeville.
A l'Imprimerie rue des Droits-de-l'Homme, N°. 44.

An VIe.

COUPLET D'ANNONCE.

AIR : *Vaudev. de la Soirée orageuse.*

ARLEQUIN, au-lieu de tableaux,
Ne vous offrira qu'une esquisse.
Quand pour vous il prend ses pinceaux,
Il craint de paraître novice.
Cependant il peut aujourd'hui
Obtenir le plus doux suffrage,
Si vous daignez mettre pour lui
Quelquefois la main à l'ouvrage.

PERSONNAGES.	ARTISTES. CC. et C^{nes}.
ARLEQUIN.	Laporte.
CASSANDRE.	Chapelle.
GILLES.	Léger.
COLOMBINE.	Fleury.
LÉTALANT.	Hyppolite.
BONMÈTRE.	Lenoble.
ELÈVES D'ARLEQUIN.	{ Tiphaine. Jourdain.
UN DOMESTIQUE.	Clairville.

La Scène se passe chez Cassandre, dans le cabinet d'Arlequin.

ARLEQUIN
DÉCORATEUR,
COMÉDIE-PARADE.

Le Théâtre représente, à droite, l'appartement de Cassandre; à gauche, l'attelier d'Arlequin; dans le fond, une porte de sortie. Sur le devant, à gauche, un bureau et des papiers. La Scène est semée de morceaux de décorations.

SCENE PREMIERE.

CASSANDRE, COLOMBINE, GILLES,
sortant tous de l'appartement de Cassandre.

GILLES.

MAINTENANT que nos intérêts sont à-peu-près réglés, M. Cassandre, j'espère que mon mariage ira de suite.

CASSANDRE.

Tu es bien pressé, M. Gilles !

GILLES.

Ne connaissez-vous pas mon amour ! D'ailleurs, mademoiselle Colombine ne demande pas mieux que ce mariage.....

COLOMBINE.

Ne se fasse pas.

GILLES.

Ne se fasse pas !

COLOMBINE.

Vos projets ne sont pas encore bien assurés ; et il se pourrait....

GILLES.

Impossible qu'ils manquent, mademoiselle : mon entreprise de théâtre est sûre. Tous mes ouvrages sont en train, et bientôt je monte ma pièce nouvelle.

CASSANDRE.

Comment ta pièce nouvelle ?

GILLES.

Oui, M. Cassandre ; j'ai une pièce supèrbe à grand spectacle, mêlée de pantomime où l'on parle, et de dialogues où l'on ne dit rien, et ornée de massacres, de déluges et d'incendies.

CASSANDRE.

Diantre ! Mais c'est donc un assortiment complet.

GILLES.

Rien n'y manque.

AIR : *En quatre mots*, etc.

De mes héros,
Qui n'ont point de repos,
Pour faire valoir à propos
Les trois ou quatre mots,
J'ai des tremblemens de terre,
Des volcans et du tonnerre,
Des monstres fort beaux :
Puis des hameaux,
Des danses, des caveaux,

Des combats, des berceaux,
Des prisons, des châteaux,
Des spectres sortant des tombeaux,
Et des diables nouveaux.

Le tout dans le goût le plus moderne ; et ma fortune est faite.

CASSANDRE.

Ma foi, Gilles, ton succès me surprend !

COLOMBINE.

Pourquoi donc, mon père ?

AIR : *De la Croisée.*

La fortune, dans tous les tems,
Accueille, au gré de sa folie,
Et l'ignorance et les talens,
Et la sottise et le génie ;
Et l'on doit, sur-tout dans Paris,
Où ces jeux deviennent faciles,
La voir, sans en être surpris,
Favoriser les Gilles.

GILLES.

Oui, c'est notre tour ; chacun le sien.

CASSANDRE.

Arlequin t'aura bien secondé ; car il s'entend en décorations.

GILLES.

Ce n'est pas lui qui a fait les miennes.

CASSANDRE.

Pourquoi ?

GILLES.

Il est mon rival ; il m'aurait fait attendre ; au-lieu que tout sera prêt sous quelques jours.

CASSANDRE.

Ce n'est pas bien. Souvent il t'a rendu service, et la reconnaissance....

GILLES.

Qu'est-ce que la reconnaissance ?

CASSANDRE.

AIR : *Réveillez-vous, belle endormie.*

Un sentiment qui prend naissance
Entre les mains du bienfaiteur,
Dont chacun connaît l'existence ;
Car c'est la mémoire du cœur.

GILLES.

Je suis comme bien d'autres, moi ; je n'en ai pas...

CASSANDRE.

De cœur ?

GILLES.

Non, de mémoire... Cependant quand j'aurai épousé mademoiselle Colombine, je ne le craindrai plus, et je lui ferai gagner de l'argent.

CASSANDRE.

Il me semble qu'il n'en gagne déjà pas mal.

COLOMBINE.

Il est très-occupé, et bientôt sa fortune.....

GILLES.

Jamais elle n'égalera la mienne. Sur mon théâtre, j'ai une entreprise générale. Je fournis au public pantomime, opéra, comédie, ballets, tragédie. Je joue tous les genres, et ma pièce nouvelle fera courir tout Paris.

CASSANDRE.

Diable !.... Mais le jour où tout Paris sera dans ton spectacle, je n'aurai personne dans mon jardin.

GILLES.

Ça pourrait bien être !

CASSANDRE.

Je fais encore une réflexion.

AIR : *De Joconde.*

Quand mon baromètre a monté
J'en ai l'ame ravie.

GILLES.

Moi, je me livre à la gaité
Quand il est à la pluie.

CASSANDRE.

Lorsqu'il pleut, je ne fais plus rien.

GILLES.

Ma chambrée est complette.

CASSANDRE.

Le soleil seul me fait du bien.

GILLES.

Il pompe ma recette.

CASSANDRE.

Eh bien ! pour ne pas faire de vœux l'un contre l'autre, associons-nous.

GILLES.

A la bonne heure. Votre jardin public dans mon spectacle.

CASSANDRE.

Non, non : ton spectacle dans mon jardin.

GILLES.

Comment !.... ma belle pièce des Spectres !

CASSANDRE.

Pour ma fête champêtre. Je te ferai connaître un beau théâtre de 400 pieds cubes.

GILLES, *montrant le théâtre.*

400 pieds cubes ! Est-ce plus grand que ceci ?

CASSANDRE.

Oh ! beaucoup plus grand.

GILLES.

Tant mieux. Mes chevaux et mes machines pourront jouer à l'aise : ça me convient.

CASSANDRE.

C'est bien décidé.

GILLES.

Oui ; mais avec la main de Mlle. Colombine....

COLOMBINE.

Qu'Arlequin ne vous cédera pas facilement.

GILLES.

Votre Arlequin a bien d'autres beautés à adorer.

COLOMBINE.

Comment ?

GILLES.

Sans cesse il est avec les belles. Hier encore je l'ai vu dans une voiture avec une jolie dame.

COLOMBINE.

Etes-vous bien sûr ?

GILLES.

Il n'est peut-être pas reconnaissable ?

COLOMBINE.

Il est incapable...

GILLES.

Fiez-vous y.... Mais, M. Cassandre, allons visiter votre local.

CASSANDRE.

Volontiers. Hâtons-nous ; car il faut que je revienne promptement pour parler à M. Arlequin.

GILLES.

Adieu, mademoiselle Colombine, ma petite femme bientôt.

COLOMBINE.

Jamais.

GILLES.

Oh! c'est bien long!

CASSANDRE.

Si l'on me demande, je vais revenir.

GILLES.

Allons, mon associé.

(*Ils sortent par le fond.*)

SCENE II.

COLOMBINE, *seule*.

Il y va grand train, ce Gilles; il croit déjà m'épouser... mais il lui faudra mon consentement.... Comme il m'a parlé de mon Arlequin!... quels soupçons il a voulu jeter dans mon ame! S'ils étaient vrais?.... Oh! non.... Cependant je veux éprouver son amour, et lui faire les reproches que mérite d'ailleurs le peu de soin qu'il me rend depuis quelques jours. Voyons comment il soutiendra cette épreuve.

SCENE III.

COLOMBINE, ARLEQUIN, *qui entre par le fond.*

ARLEQUIN.

Oh! ma bonne amie, je suis bien-aise de te trouver seule.

ARLEQUIN

COLOMBINE.

Et moi aussi, monsieur.

ARLEQUIN.

Monsieur !... Tu es fâchée, Colombine ?

COLOMBINE.

Point du tout.

ARLEQUIN.

Qu'as-tu donc ? que t'ai-je fait ?

COLOMBINE.

Rien.

ARLEQUIN.

Rien ! et tu me boudes ?... Qui peut t'avoir donné du chagrin ? Ton père ? ce coquin de Gilles ?

COLOMBINE.

Ce n'est pas d'eux que j'ai à me plaindre.

ARLEQUIN.

Ce n'est pas d'eux ! Serait-ce de moi ?

COLOMBINE.

Vous devez le savoir.

ARLEQUIN.

Toujours vous !... Je vois bien que tu es fâchée.

COLOMBINE.

Oui, parce que vous ne m'aimez plus.

ARLEQUIN.

Moi, ne plus t'aimer !

AIR : *Souvent la nuit quand je sommeille.*

> Pour toi, mon amour est extrême,
> Et je ne puis aimer que toi.
> Auprès de toi, c'est toi que j'aime ;
> Absent de toi, j'aime encore toi.
> Toi m'offre une bien chère image
> Quand je suis éloigné de toi !
> Ah ! dis-moi, toi-même, dis-moi
> Si je puis t'aimer davantage !

COLOMBINE.

Si vous m'aimiez autant que vous le dites, vous seriez plus assidu près de moi, et vous ne passeriez pas des journées entières.... où ? dites un peu ?

ARLEQUIN.

Plus de vous, ma bonne amie, ne sois plus fâchée. Tu me demandes où je vais, ne le sais-tu pas ?

AIR : *Une fille est un oiseau.*

Il faut dès le point du jour,
Pour me livrer à l'ouvrage,
Que je sache, avec courage,
Faire trêve à mon amour.
De tous côtés l'on m'appelle ;
Soit pour la pièce nouvelle,
Soit auprès de quelque belle
Qui voudrait toujours m'avoir ;
Mais en vain je me chagrine.
Quand je fuis par la cuisine,
On me ramène au boudoir.

COLOMBINE.

Voilà précisément ce qui me tourmente.

ARLEQUIN.

Il faut pourtant bien que je suive mon état. C'est un bon état que mon état ; il me rapporte beaucoup, mon état.

COLOMBINE.

J'en conviens. Mais auparavant vous me rendiez plus de soins ; vous étiez plus aimable.

ARLEQUIN.

C'est possible. Mais les succès de Gilles dans son entreprise de théâtre, allaient m'ôter l'espoir de te posséder un jour. Il m'a bien fallu prendre un parti.

AIR : *Vaudeville des Visitandines.*

Un état m'était nécessaire

Pour balancer Gille opulent.
Dans un tel choix, il faut, ma chère,
Consulter son goût, son talent.
Déjà mon ancien exercice
M'avait formé pour le nouveau.
A donner le coup de pinceau
L'afficheur n'était pas novice.

Je me suis mis décorateur. J'espère que ce moyen me réussira. Déjà ma fortune commence ; et comme monsieur ton père a toujours eu un certain faible pour l'argent, je ne doute pas qu'il ne m'écoute à mon tour... Tiens, j'ai envie de lui en parler tout de suite. Où est-il, ton père ?

COLOMBINE.

Il est sorti avec Gilles. Ils ont de grands projets tous deux.

ARLEQUIN.

Je sais que ton père veut accaparer tout Paris dans son jardin.

COLOMBINE.

Ce n'est pas tout : Gilles s'en mêle.

ARLEQUIN.

En ce cas, tout ira de travers.

COLOMBINE.

Mon père lui fait construire un théâtre dans son jardin.

ARLEQUIN.

Pourquoi faire ?

COLOMBINE.

Tu ne sais donc pas qu'il a une pièce nouvelle.

ARLEQUIN.

S'il était vrai, j'en aurais fait les décorations.

COLOMBINE.

Il te craint comme son rival, et il a employé un autre décorateur que toi.

ARLEQUIN.

Un autre décorateur que moi !... Comment le sais-tu ?

COLOMBINE.

Lui-même l'a dit à mon père.

ARLEQUIN.

Oh ! si je pouvais lui jouer quelque tour ? Comment se nomme sa pièce ?

COLOMBINE.

Les Spectres.

ARLEQUIN.

Les Spectres !... il aura bavardé ! Quand doit-on la jouer ?

COLOMBINE.

Sous peu de jours.

ARLEQUIN.

Il est mort.

COLOMBINE.

Comment ?

ARLEQUIN.

Il est mort, te dis-je, je ne le crains plus.

COLOMBINE.

Je ne te comprends pas.

ARLEQUIN.

Laisse-moi le soin de lui enlever tout espoir. Je réponds du succès.

COLOMBINE.

Il sera furieux, si tu lui joues quelque tour.

ARLEQUIN.

Tant mieux ; il est si drôle quand il est fâché.

COLOMBINE.

Et mon père ?

ARLEQUIN.

Il est bien drôle aussi. Mais je saurai l'appaiser.....
Pour toi, crois à mon amour. Je ne négligerai rien pour
te rendre heureuse..... Maintenant je vais me livrer à
mes travaux.

COLOMBINE, *s'en allant.*

En ce cas, je ne veux pas te distraire.

ARLEQUIN, *la reconduisant.*

J'attends du monde ce matin ; j'ai beaucoup à faire...
ainsi, adieu... Tu n'es plus jalouse?.. Plus de soupçons ?...
c'est bien.

(*Colombine rentre chez Cassandre.*)

SCENE IV.

ARLEQUIN, *seul.*

Occupons-nous de mon attelier, puisque c'est de
lui que dépend le succès de mon amour. (*Il appelle à la
porte de son attelier:*) Corrège, Raphaël, Le Guide,
Vandick, Rembrant. Petits, petits, arrivez, arrivez!..
(*Il écrit à son bureau.*) Ah ! M. Gilles, nous verrons.

AIR : *Ton humeur est, Catherine.*

> On s'attrape avec adresse ;
> C'est là le commun talent.
> Pour m'attraper ma maîtresse,
> Gille attrape de l'argent.
> Mais attendu qu'il m'importe
> De n'en être point dupé,
> Je veux m'arranger de sorte
> Qu'il soit le seul attrapé.

SCENE

SCENE V.

ARLEQUIN, DEUX ELÈVES, *sortant de l'attelier.*

ARLEQUIN.

Eh bien, messieurs! qu'y a-t-il de nouveau? Est-on venu me demander pendant mon absence?

UN ELÈVE.

Oui, monsieur! d'abord ce Crésus qui demeure rue Vivienne, touchant la trésorerie.

ARLEQUIN.

Ah! je sais.

AIR : *Vaudeville d'Arlequin afficheur.*

C'est ce gros monsieur Champignon,
Qui veut, à force de peinture,
Faire oublier dans sa maison
Qu'il en enleva la dorure.

Allez-y.

Mais, tout bas entre nous soit dit,
Chez les riches de cette trempe,
Vous devez sentir qu'il suffit
D'employer la détrempe.

Après.

IIe. ELÈVE.

Les entrepreneurs d'une nouvelle maison de confiance demandent une enseigne pour leur établissement.

ARLEQUIN.

Encore de bonnes gens qui tendent la main aux malheureux.

AIR : *Aimé de la belle Ninon.*

Chacun dans l'établissement
Trouve secours et confiance,
Moyennant bon nantissement,
Et cent pour cent payés d'avance.
Grace à ces projets bien conçus,
Du peuple la classe indigente,
Pour s'acquitter de vingt écus
Ne s'endette que de quarante.

Cela n'est pas pressé.... Est-ce tout ?

Ier. ELÈVE.

Oui, monsieur.

ARLEQUIN.

En ce cas, retournez à vos travaux, et sur-tout ne négligez pas les décorations de la pièce nouvelle. Bien du noir dans les tombeaux, du rouge dans les enfers.

Ier. ELÈVE.

Nous en avons mis par-tout.

ARLEQUIN.

C'est bien. Mais dites-moi....

AIR : *Vaudeville de la Soirée orageuse.*

Avez-vous rendu les effets
Des prisons, des cavernes sombres ?
Et les acteurs, dans vos reflets,
Pourront-ils passer pour des ombres ?
Songez bien qu'en nos goûts nouveaux,
Ivres de l'anglaise manie,
Ce n'est plus que dans les tombeaux
Que nous croyons voir le génie.

Hâtez-vous !... (*à un Elève :*) Raphaël, portez cette lettre à son adresse ; vous direz que l'on peut venir chercher, ce matin, les décorations de la pièce nouvelle.... (*A l'autre Elève :*) Vous, l'Albane, ne léchez pas trop mon grand monstre,..... Allez... (*Les Elèves rentrent dans l'attelier.*)

SCENE VI.

ARLEQUIN, *seul, revenant à son bureau.*

LISONS à présent les lettres que l'on m'écrit......
Ah ! l'épreuve de ma circulaire aux entrepreneurs des
départemens qui veulent se mettre à la mode... Voyons.

AIR : *Des pendus.*

Artiste connu dans Paris,
Arlequin, peintre, donne avis
Qu'il fait des envois en province,
Et sait, du sujet le plus mince,
Tirer le parti le meilleur
Pour l'entrepreneur et l'auteur.

Déjà ses décorations
Ont fait des réputations.
Plus d'un ouvrage dramatique,
Sans paroles et sans musique,
N'a dû sa brillante faveur
Qu'au talent du décorateur.

Ce moyen aura du succès. Il y a tant d'ouvrages qui
en ont besoin.... Quelle est cette lettre ?.... (*Il lit.*) Mon
cher monsieur, les brouillards ayant mangé la superbe
allée de maronniers en fleurs, que j'avais fait peindre sur
le mur de mon jardin, je voudrais la rétablir..... (*Il
rejette la lettre.*) Voilà une allée bien avantageuse pour
moi ; il faut que je la replante tous les ans.... Quelle
manie !.... ils finiront par faire peindre leurs arbres en
acajou !...

AIR : *Jeune fille et jeune garçon.*

Ainsi dans leur nombreux écarts,
Outrant les règles du génie,
Et l'ignorance et la folie
Ont dégradé le goût des arts ;

ARLEQUIN

Mais de leur imposture
Bientôt on rougira,
Le bon goût renaîtra,
Pour guide on reprendra
La nature.

Mais que me veulent ces messieurs ?..... Ce sont de nouvelles pratiques.

SCENE VII.

ARLEQUIN, LÉTALANT, BONMÈTRE.
Ces deux derniers entrent par le fond.

ARLEQUIN.

QUE desirez-vous, messieurs ?

LÉTALANT.

Monsieur....

AIR : *Fanfare de Saint-Cloud.*

Il me faut une boutique
D'un genre très-élégant,
Dont la forme soit gothique
Et du goût le plus récent.
Des colonnes, des arcades,
Des ogives, des plateaux,
Des frontons, des balustrades,
Des losanges en fuseaux.

ARLEQUIN.

Des losanges ! je sais les faire... (*Il passe la main sur son habit.*) C'est moi qui en ai donné la mode : vous serez content.

LÉTALANT.

Vous mettrez sur un large marbre noir : Létalant et compagnie.

ARLEQUIN.

Vous avez des associés ?

LÉTALANT.

Inscription d'usage.

ARLEQUIN.

Ah ! je vois ce qu'il vous faut.

AIR : *Fanfare de Saint-Cloud.*

Oui, je veux, sur votre porte,
Que le nom de Létalant
Se trouve étalé, de sorte
Qu'il indique le talent.
Chacun s'écriera, je gage,
Devant vous, en s'étalant :
Ah ! qu'il est beau l'étalage
De ce monsieur Létalant.

LÉTALANT.

Cela vous sera d'autant plus facile, que mon local a en façade ce que les autres ont en profondeur.

AIR : *Réveillez-vous, belle endormie.*

Chez la plupart de mes confrères,
On voit des magasins profonds.
Pour le succès de mes affaires,
Moi, je ferai le mien sans fonds.

ARLEQUIN.

Sans fonds !.... ah ! vous avez raison.

Même Air.

D'après votre nouvel usage,
Ces frais-là seraient superflus ;
Car, à travers tant d'étalage,
Les fonds sont bien des fonds perdus.

(*à Bonmètre.*) Que voulez-vous, monsieur ?

BONMÈTRE.

Une enseigne bien simple, avec mon nom.

LÉTALANT.

Folie ! c'est par l'étalage seul que l'on fait valoir son magasin.

BONMÈTRE.

Monsieur, chacun a son usage.

ARLEQUIN.

Tous deux cependant vous visez au même but.

BONMÈTRE.

Je le crois. Voici la manière dont j'espère y parvenir.

AIR : *On compterait les diamans.*

Dans un modeste logement
Avoir de bonne marchandise ;
Gagner peu, mais vendre souvent,
C'est mon secret, c'est ma devise.
Au clinquant, au prétendu beau,
C'est l'utile que je préfère.
Ce moyen-là n'est pas nouveau,
Il fit le succès de mon père.

LÉTALANT.

Voici ma méthode.

AIR : *Vaudeville d'Abuzar.*

Un magasin bien décoré,
Cinq ou six étoffes nouvelles,
Des glaces, le comptoir doré,
Le suffrage de quelques belles,
Voilà ce que me coûtera
Ma réputation à faire ;
Et plus d'un étourdi paiera
Les frais que j'aurai fait pour plaire.

ARLEQUIN.

Je donne dans tous les genres, et vous serez satisfait.... (*à Létalant.*) Mais je dois vous prévenir que je suis dans l'usage de demander des avances.

LÉTALANT.

Combien vous faut-il ?

ARLEQUIN.
Mais au moins 1500 liv.
LETALANT.
Vous les aurez..... (*en s'en allant.*) Mais les ouvriers tout de suite.... mes ogives.... mes balustrades.... mes losanges.... je vous en prie.
ARLEQUIN.
Soyez tranquille.
BONMÈTRE, *offrant de l'argent à Arlequin.*
Combien vous devrai-je?
ARLEQUIN.
Ce que je viens de dire ne s'adresse pas à vous.
BONMÈTRE.
Je ne suis pas brillant ; mais je fais honneur à mes affaires.
ARLEQUIN.
Aussi vous n'avez à craindre ni revers, ni humiliation, et tout le monde n'est pas dans ce cas.

AIR : *De la Croisée.*

Dans chaque siècle, en tout état,
L'or sait, en homme d'importance,
Convertir un frippon, un fat :
Mais on peut voir tourner la chance ;
Car de plus d'un coupable gain,
Si l'on tarit un jour la source,
Que de gens deviendront soudain
  Aussi plats que leur bourse.

BONMÈTRE.
Vous voudrez donc bien vous occuper de moi.
ARLEQUIN.
Je passe avec vous dans mon attelier pour vous le prouver.... Quant au prix, nous nous arrangerons.....

(*Il passe la main sur son bras.*) J'ai besoin d'un beau drap mêlé pour habit, je le prendrai chez vous....

(*Ils entrent dans l'attelier.*)

SCENE VIII.

CASSANDRE, GILLES. *Ils entrent par le fond.*

GILLES.

Vous voyez bien, M. Cassandre, que ce théâtre de 400 pieds.....

CASSANDRE.

Je ne puis cependant pas me permettre de le diminuer.

GILLES.

Jamais ma toile de fond ne sera assez grande.

CASSANDRE.

Nous nous en passerons; le ciel en servira.

GILLES.

J'aurai donc des acteurs de plein-vent!

CASSANDRE.

Qu'importe; on ne sera pas étonné de les voir à côté de la nature.

GILLES.

Mes colonnes, mes arbres, tout sera trop court.

CASSANDRE, *réfléchissant.*

Mais il me semble.... qu'on pourrait.... oui.... excellente idée....

GILLES.

Quoi donc!

CASSANDRE.

Diviser le théâtre en quatre étages.

GILLES.

Serait-il possible ?

CASSANDRE.

Pour jouer tous les genres à la fois.

GILLES.

Comment faire quatre recettes en même-tems ?

CASSANDRE.

AIR : *Tout roule aujourd'hui dans le monde.*

L'opéra fait trop de dépense ;
Il faudra le mettre au grenier.
Comme objet de haute importance,
Drame et pantomime au premier.
Au second, c'est la comédie,
Dont on fait encor quelque cas.
A l'entresol, la tragédie,
Et les marionnettes en-bas.

Mais il faut te hâter ; car je veux ouvrir incessamment.

GILLES.

Je ne peux pas aller plus vite. Mon décorateur ne termine rien.

AIR : *Courons d'la brune à la blonde.*

Au mépris de sa promesse,
Il me retarde toujours.
C'est en vain que je le presse ;
Il demande encor dix jours.
Vous sentez bien qu'il m'importe
De terminer ces lenteurs ;
Mais, morbleu, je vais faire en sorte
D'envoyer mes auteurs,
Mes amateurs,
Mes acteurs,
Mes chanteurs,
Mes danseurs,

Mes sauteurs,
Mes ouvreurs,
Mes moucheurs,
Mes souffleurs
Et mes chœurs
Faire esclandre à sa porte.

CASSANDRE.

J'irai aussi, maintenant que cette pièce est pour mon théâtre.

GILLES.

Je comptais sur elle pour remonter mes finances. Si je vous la donne, que faire en attendant? J'ai besoin d'argent.

CASSANDRE.

Consulte Arlequin, il te donnera de bons avis. Je veux aussi lui parler pour mon jardin public.

GILLES.

N'allez pas vous laisser gagner. Vous savez bien que ma pièce ne vous appartient point, sans mon mariage avec mademoiselle Colombine.

CASSANDRE.

Sois tranquille.

GILLES.

C'est que, voyez-vous, je crains toujours. Quand une fois je serai son mari....

CASSANDRE.

Tu le seras, Gilles.

GILLES.

Oh! je m'y attends bien, M. Cassandre.

SCENE IX.

LES PRÉCÉDENS. ARLEQUIN, *sortant de son attelier.*

GILLES.

Arrive donc, M. Arlequin, nous t'attendons.

CASSANDRE.

Pour vous demander des conseils.

ARLEQUIN.

Avec plaisir, M. Cassandre. De quoi est-il question ?

GILLES.

Tu es plus instruit que moi des choses nécessaires à un théâtre ; donne-moi tes avis ?

ARLEQUIN, *à part.*

Tu t'adresses bien ; je vais t'en donner de bons.

GILLES.

J'annonce depuis long-tems une pièce de circonstance, que l'auteur ne finit pas ; dis-moi comment je puis calmer l'impatience de mon public ?

ARLEQUIN.

Prends un prétexte honnête.

CASSANDRE.

Il n'y en a plus.

ARLEQUIN.

Annonce *relâche pour une répétition générale.*

GILLES.

Ces jours-là on ne fait pas de recette, et j'ai besoin d'argent.

ARLEQUIN.

Ta dernière pièce ?

GILLES.

Elle est usée, et ne produit plus d'effet.

ARLEQUIN.

Mets-y du canon.

GILLES.

Bon ! du canon ! Tu veux donc faire écrouler ma salle ?

ARLEQUIN.

Combien de pièces ne font du bruit que par ce moyen.... N'as-tu pas un auteur qui te fait des pièces à l'année ?

CASSANDRE.

Oui, un de ses cousins.

ARLEQUIN.

Dis-lui de t'en rajeunir une ancienne.

GILLES.

Tu plaisantes !

ARLEQUIN.

Je ne plaisante jamais.

AIR : *Ainsi jadis un grand prophète.*

A son auteur, quand une pièce
Ne rapporte plus de profit,
Il la retourne et la rapièce
Comme il fait de son vieil habit.
Loin de blâmer cette prudence,
Il faut plutôt l'encourager ;
L'esprit devient si rare en France,
Qu'il faut en être ménager.

On a donné *Nicodème dans la lune* ; que ne donnes-tu *la lune dans Nicodème* ?

GILLES.

Bah ! cela n'est pas possible !

ARLEQUIN.

Tant mieux : ça produira plus d'effet. Tu me fourniras le Nicodème, et mes élèves se chargeront de la lune.

GILLES.

Mais, encore une fois, c'est impossible.

ARLEQUIN.

On a vu des choses aussi difficiles. Ne m'a-t-on pas fait avaler la baleine ?

GILLES.

C'est vrai ; mais il me faudra toujours des décorations.

ARLEQUIN.

J'en ai de hasard dans mon magasin sur lesquelles ton cousin pourra te faire une pièce.

GILLES.

Ah ! je suis presque brouillé avec lui !

ARLEQUIN.

A quel sujet ?

GILLES.

Il veut faire jouer une pièce, où il me demande du monde en diable.

ARLEQUIN.

Eh bien ! imite tes confrères.

GILLES.

Que font-ils, mes confrères ?

ARLEQUIN.

Veulent-ils représenter un peuple tout entier ?

AIR : *Des Olivettes.*

Ils font passer et repasser
Tous les acteurs et les actrices,

Et ceux que l'on a vu passer
Viennent encore repasser.

Est-ce une armée qui défile ? Ils prennent quelques soldats,

Qu'ils font passer et repasser
Dans les différentes coulisses,
Et ceux que l'on a vu passer
Viennent encore repasser.

GILLES.

Mais, dans un combat, il en meurt toujours quelques-uns ?

ARLEQUIN.

Même Air.

Les soldats qu'on fait trépasser,
Tombent toujours dans les coulisses.
Par-derrière on les fait passer
Pour les faire encor trépasser.

GILLES.

En employant ce moyen, il ne me restera plus d'acteurs pour les rôles.

ARLEQUIN.

Un rien t'embarrasse. On y supplée par des transparens placés sur des rochers, des arbres ou des colonnes.

GILLES.

Excellente idée !.... Venez-vous, M. Cassandre ?

CASSANDRE.

Où ?

GILLES.

Commander deux ou trois paires de transparens pour jouer ce soir le *Fils puni*.

ARLEQUIN.

Le Fils puni !.... Je ne connais pas cet ouvrage.

GILLES.

C'est *Phèdre et Hyppolite*.

ARLEQUIN.

Tu as donc changé ?....

GILLES.

Le titre seulement pour faire nouveauté : c'est ainsi que j'annonce *l'Assassinat amoureux*, au-lieu de *Zaïre* : et le *Souper de Paul*, pour le *Festin de Pierre*.

ARLEQUIN.

Tu as de bienheureuses idées !

GILLES.

J'en ai encore quelques-unes comme ça.... Eh bien ! venez-vous, M. Cassandre ?

CASSANDRE.

Non, j'ai affaire ici.

GILLES.

Adieu donc : j'irai tout seul commander mes transparens.

ARLEQUIN.

Adieu.

(*Gilles sort par le fond.*)

SCENE X.

CASSANDRE, ARLEQUIN.

CASSANDRE.

Je voudrais vous parler, M. Arlequin.

ARLEQUIN.

De mon mariage avec Colombine?

CASSANDRE.

Non pas précisément.

ARLEQUIN.

Il me semble que vous penchez un peu du côté de Gilles, et votre association avec lui me fait craindre....

CASSANDRE.

Elle n'est pas encore tout-à-fait décidée.

ARLEQUIN.

Tenez, M. Cassandre, cette société ne vous convient pas du tout. Le genre de Gilles ne vaut rien, et la vogue de ses pièces ne durera pas long-tems. Dans ces sortes d'ouvrages, rien n'est à sa place.

AIR : *Oh! oui, l'homme le plus parfait.*

Pour intérêt, j'y vois l'horreur;
Pour nouveauté, l'extravagance;
Pour sentiment, de la fureur,
Et pour gaîté, de l'indécence.
Quand verrons-nous les vrais talens,
Dissipant cette nuit profonde,
Renvoyer tous ces revenans
Sur la scène de l'autre monde?

CASSANDRE.

CASSANDRE.

J'en serais bien fâché. Je compte beaucoup sur eux pour embellir mon jardin public.

ARLEQUIN.

Vous donnez donc décidément dans cette manie-là?

CASSANDRE.

Oui. C'est une spéculation d'été.

ARLEQUIN.

Et votre théâtre de la rue des Singes?

CASSANDRE.

Je ne joue plus la tragédie bourgeoise : ça ne prend que l'hyver.

ARLEQUIN.

Vous aviez cependant quelques succès.

CASSANDRE.

Oui ; mais nous faisions trop d'impression.

ARLEQUIN.

Comment, trop d'impression!

CASSANDRE.

L'Imprimeur emportait toutes nos recettes. A présent j'ai des vues plus étendues.... Un jardin immense!

ARLEQUIN.

Vous vous y perdrez, M. Cassandre.

CASSANDRE.

C'est un coup de fortune. Trois entrepreneurs s'y sont déjà ruinés.

ARLEQUIN.

L'augure est favorable.

C

CASSANDRE.

De sorte que j'ai trouvé le local tout préparé.

ARLEQUIN.

Tant mieux, vous n'avez pas eu de dépenses à faire.

CASSANDRE.

Un peu.... un peu.... Pour me mettre à la mode, j'ai tout jetté par terre.

ARLEQUIN.

Vous vous ruinerez pour déblayer tout ça.

CASSANDRE.

Au contraire; ça m'a fait naître l'idée merveilleuse de débuter par le Cahos.

ARLEQUIN.

Sangodémi ! par où finirez-vous donc ?

CASSANDRE, *riant*.

Ah! ah! par les Métamorphoses.

ARLEQUIN.

Par les Métamorphoses !

CASSANDRE.

Celles d'Ovide, que je mettrai tout en feu d'artifice.

ARLEQUIN.

Ah! comme Phaéton, que l'on a foudroyé aux flambeaux.... Vous réussirez : car c'est le genre actuel..... Mais, M. Cassandre, vous vous y prenez un peu tard. La saison s'avance, les soirées deviennent fraîches.

CASSANDRE.

Oh! je sais comment on réchauffe l'atmosphère par des brasiers circulaires.

ARLEQUIN.

Avec cette précaution, nos dames pourront encore passer l'automne sans s'habiller.

CASSANDRE.

Ce sera fort commode pour elles; mais cela me coûtera très-cher. Ne pourrais-je pas leur faire dire:

AIR: *Femmes, voulez-vous éprouver.*

>Ces costumes trop indiscrets
>Ne sauraient vous fournir des armes;
>Loin d'ajouter à vos attraits,
>Ils ôtent du prix à vos charmes.
>De la pudeur suivez le vœu
>Dans une modeste parure:
>Croyez qu'en la voilant un peu,
>On ne nuit pas à la nature.

ARLEQUIN.

Qui voulez-vous qui leur dise cela?

AIR: *Vaudeville d'Honorine.*

>Et comment détruire un ouvrage
>Dont, en secret, nous sommes les auteurs?
>La beauté n'a pris cet usage
>Qu'en écoutant de perfides flatteurs;
>Car, ce goût qu'à bon droit on blâme,
>Tout en l'adoptant aujourd'hui,
>On le condamne dans sa femme,
>On l'inspire à celle d'autrui.

CASSANDRE.

D'après les détails que je viens de vous donner, vous voyez que j'aurai besoin de vous.

ARLEQUIN.

Je suis votre homme. J'ai dans mon magasin quelques décorations qui pourront vous convenir; elles me sont restées, parce que les entrepreneurs ont manqué de fonds avant l'ouverture.

CASSANDRE.

Sont-elles dans le goût antique ?

ARLEQUIN.

Je vous le demande.

CASSANDRE.

C'est que c'est le goût moderne.

ARLEQUIN.

Je le crois bien : tous les entrepreneurs sont grecs.

SCENE XI.

Les Précédens, UN ÉLÈVE, *qui entre par le fond.*

L'ÉLEVE.

M. Arlequin, on vient chercher les décorations de la pièce nouvelle.

ARLEQUIN.

Ah ! diable ! ceci est intéressant. Je vais les livrer.... Passez, M. Cassandre.

(*L'Elève et Cassandre rentrent dans l'attelier. Arlequin reste le dernier.*)

SCENE XII.

ARLEQUIN, COLOMBINE, *qui sort de chez Cassandre au moment où Arlequin va entrer dans son attelier.*

COLOMBINE.

Arlequin!.... Arlequin!....

ARLEQUIN, *entrant dans l'attelier.*

Je reviens tout de suite.

COLOMBINE.

Dépêches-toi.... Malgré sa sécurité sur notre mariage, je ne suis pas tranquille, et je veux lui faire part de mes craintes.

SCENE XIII.

COLOMBINE, UN DOMESTIQUE, *qui entre par le fond.*

LE DOMESTIQUE.

Monsieur Arlequin!

COLOMBINE.

Que lui voulez-vous ?

LE DOMESTIQUE.

Lui remettre cette lettre.

COLOMBINE.

De quelle part?

LE DOMESTIQUE.

De la part de madame Dujour, qui le prie de passer chez elle aussi-tôt qu'il le pourra.

COLOMBINE, *prenant la lettre.*

C'est bon.

(*Le Domestique sort.*)

SCENE XIV.

COLOMBINE, *seule.*

Un rendez-vous pour Arlequin!.... Serait-il possible qu'il me trompât?

SCENE XV.

COLOMBINE, ARLEQUIN, *qui entre par l'attelier.*

ARLEQUIN, *avec un sac d'argent sur le bras.*

Tiens, ma bonne amie, voici ton présent de noces.

COLOMBINE.

Mon présent de noces!

ARLEQUIN.

Oui, c'est Gilles qui en fait les frais.

COLOMBINE.

Gardez vos présens.

ARLEQUIN.

Oh ! ce n'est pas bien de recevoir ainsi mes petits cadeaux !.... Mais.... qu'entends-je ?

SCENE XVI ET DERNIÈRE.

CASSANDRE, COLOMBINE, ARLEQUIN, GILLES. *Cassandre et Gilles entrent par l'attelier.*

CASSANDRE, *courant après Gilles, qui est désespéré.*

Qu'as-tu donc ! que t'a-t-on fait ?

GILLES.

Je suis perdu !.... Vous savez bien ma belle pièce des *Spectres* ?

TOUS ENSEMBLE.

Eh bien !

GILLES.

Eh bien !

AIR : *J'avais perdu l'âne.*

Un de mes confrères,
Très-prompt en affaires,
M'a volé ce sujet nouveau.
Ce soir il le donne plus beau.
Ah ! le vilain frère,
Que mon cher confrère !

A cette nouvelle, mes créanciers ont fait fermer mon spectacle.

ARLEQUIN.

(*à part.*) Ah ! nous y voilà !.... (*haut.*) Comment a-t-on pu te voler ta pièce ?

GILLES.

Je l'avais confiée à cinq ou sept de mes amis.

ARLEQUIN.

L'un desquels est venu me commander les décorations que je viens de livrer tout-à-l'heure.

GILLES.

Comment ! ce serait toi ?...

ARLEQUIN.

Pourquoi pas, quand tu les fais faire par un autre.

GILLES.

Ciel ! me voilà ruiné.

ARLEQUIN.

Bah ! ce n'est rien que ça.

GILLES.

Il est vrai que M. Cassandre, mon associé, va me tirer d'affaire.

CASSANDRE.

Ton associé ! je ne le suis plus.

GILLES.

Si fait, vous l'êtes ; et c'est tellement reconnu, qu'on a mis votre jardin sous le scellé,

CASSANDRE.

Mon jardin est fermé ! voilà le fruit des faux bruits que tu as répandus.... M. Arlequin, ne pourriez-vous pas prouver que je ne suis pas son associé ?

ARLEQUIN.

Si Colombine veut, j'arrangerai toute cette affaire.

CASSANDRE.

Ma fille, tu ne peux pas refuser.

COLOMBINE.

Il faut auparavant qu'il me dise ce que signifie cette lettre, que l'on vient de me remettre à l'instant.

ARLEQUIN.

Une lettre! Donnes, donnes. (*Il lit l'adresse.*) Ah! c'est de madame Dujour....

GILLES.

Nous allons y voir de belles choses.

ARLEQUIN.

Te tairas-tu?.... (*Il lit.*).... *M. Arlequin, je vous prie de passer chez moi pour la petite fête dont je vous ai parlé, et la distribution que vous m'avez promise.*

COLOMBINE.

Quelle est donc cette distribution?

ARLEQUIN.

Tu veux donc tout savoir? Je vais te contenter : elle veut employer dans sa maison les vîtreaux de la dernière église que son mari a fait démolir. J'en ai déjà fait la distribution.

AIR : *Du petit Matelot.*

Oui, des vitreaux de son église,
Je veux tirer un grand parti.
Chez monsieur je mettrai Moïse
Tel qu'il revint du Sinaï ;
L'arche de Noé, dans sa chambre ;
Les Vendeurs, chassés au perron ;
Le Lazare, dans l'anti-chambre,
Et le Veau d'or, dans le sallon.

COLOMBINE.

Quoi ! c'est cela ?.... J'ai bien eu tort. Mais je te promets....

ARLEQUIN.

C'est oublié, puisque tu en conviens.... Ah ça ! je ne

vois plus d'obstacle à notre mariage. M. Cassandre y consent ?

CASSANDRE.

Je consens à tout, M. Arlequin.

GILLES.

Et moi donc ?.... Est-ce que je vais tout perdre à la fois ?

ARLEQUIN.

Renonce au mauvais goût, et je réponds de tes dettes.

GILLES.

Je tâcherai.

ARLEQUIN.

Vous, papa, cédez votre jardin à un cinquième entrepreneur.

CASSANDRE.

Je verrai.

ARLEQUIN.

Pour nous, Colombine, épousons-nous.

COLOMBINE.

Volontiers.

ARLEQUIN, *l'embrassant.*

Je signe le contrat.

VAUDEVILLE.

GILLES.

Main-te-nant tant de mon-de bril-le, Le lu-xe fait tant de pro-----grès, Qu'enfin ma nom-breu-se fa-mil-le, Pour fi-gu-rer, s'est mise en frais. Mes pa-rens sont des gens ha-bi-les; Mais je les préviens sans hu-meur, Qu'on re-con-naît tou-jours un Gil-les, Quel-que soit son dé-co-ra----teur, Quel-que soit son dé-co-ra-teur.

CASSANDRE.

Sur le théâtre de Thalie
Un fat, privé de tout talent,
Dans son personnage s'oublie,
Et se croit un être important.

Ainsi, sur la scène du monde,
Tel pense être un brillant acteur,
Dont l'éclat souvent ne se fonde
Que sur l'art du décorateur.

COLOMBINE.

Cédant au goût de la parure,
On voit aujourd'hui la beauté
Couvrir les dons de la nature
Des hochets de la vanité.
Loin de suivre un pareil exemple,
La décence est tout pour mon cœur ;
Ma maison en sera le temple,
Et l'Amour le décorateur.

ARLEQUIN.

Le décorateur est utile
Pour tous les états maintenant ;
Dans tous les quartiers de la ville
Il sait attirer le chaland.
Puisque, de cet art nécessaire,
Chacun se déclare amateur,
Aujourd'hui, cherchant à vous plaire,
Je me suis fait décorateur.

F I N.

A PARIS, de l'Imprimerie rue des Droits-de-l'Homme, N°. 44.